Volker Fintelmann

Im Leben das Sterben üben

Volker Fintelmann

Im Leben das Sterben üben

Anregungen zu einem bewussten Umgang mit dem Tod

INFO3 VERLAG

Vom Autor überarbeitete Mitschrift eines Vortrages vom 1. November 2021 im Rudolf Steiner Haus, Hamburg.

Volker Fintelmann
Im Leben das Sterben üben
(Schlanke Reihe Band 3)

Fünfte Auflage 2026
(Erste Auflage 2022)

ISBN 978-3-95779-166-5

Lektorat: Ramon Brüll, Frankfurt am Main
Satz: Ulrich Schmid, de·te·pe, Aalen
Umschlag: Frank Schubert, Frankfurt am Main
Abbildung: Paul Klee „Engel voller Hoffnung",
© Zentrum Paul Klee, Bern
Druck: Jelgavas Tipogrāfija, Jelgava, Lettland

Info3 Verlag
Kirchgartenstraße 1, 60439 Frankfurt am Main
Tel. 069 58 46 47, E-Mail: vertrieb@info3.de
www.info3.de

Inhalt

Einleitung

Seit Beginn der Pandemie mit einem Virus aus der Familie der Coronaviren ist Sterben und Tod zu einem täglichen öffentlichen Thema geworden. Nie zuvor wurden jeden Tag aktuelle Zahlen Verstorbener publiziert, obwohl doch auch bis zu diesem Ereignis der Pandemie gestorben wurde und unabhängig von dieser auch weiterhin gestorben wird. Jeden Tag sterben – statistisch gerechnet – 110 Menschen in Deutschland an der Krebskrankheit, mehr noch an Herz- und Kreislauferkrankungen. Wenn aktuell aufgelistet wird, dass 2021 die Gesamtsterbezahl erstmals in Deutschland die Millionengrenze überschritten habe, sind das rechnerisch 2740 Tote jeden Tag. Was hebt die im Zusammenhang mit (oder an) Covid 19 Verstorbenen so aus den anderen heraus, dass ihre Zahl täglich gemeldet und von Tag zu Tag summiert wird?

Zugleich wurden Sterben und Tod wirkungsvoll in Fernsehbildern aus dem norditalienischen Bergamo und den Krankenhäusern New Yorks so vermittelt, dass sie Bilder des Schreckens zeigten, Bilder einer verlorenen Würde der Menschen, zugleich angsteinflößend. Und immer neu, täglich wurden solche Bilder von Intensivstationen gezeigt, beschworen Politiker ihre Aufgabe, Leben zu schützen und das Sterben zu verhindern. Während – wie gesagt – vor der Pandemie anscheinend gestorben werden durfte, ohne es als gesellschaftlich-solidarische Aufgabe zu definieren, dieses zu verhindern. Bis zur Pandemie durfte in der Bevölkerung „still" gestorben werden, nun wurde der Tod durch eine besondere Krankheit zum täglichen Thema und seine Verhinderung zu einer gesellschaftlichen Aufgabe, ja allmählich zu einer Art Verpflichtung.

In dieser Form auf das Thema geschaut, könnte einen nachdenklichen Menschen eine gewisse Absurdität beschleichen. Doch können wir diese Zeiterscheinung vielleicht ganz anders verstehen, als eine Frage oder gar Botschaft, uns mit Sterben und Tod erkennend zu beschäftigen, ihren Sinn und Aufgabe im Leben zu suchen und zu verstehen. In einer Epoche, wo einige Menschen mit großen Geldsummen eine Forschung initiiert haben, beides aus dem menschlichen Leben zu eliminieren, dem Menschen Unsterblichkeit zu schenken. In seinem lesenswerten Buch *Zukunft-Medizin* widmet Thomas Schulz ein Kapitel dem Thema „200 Jahre leben. Wie wir immer älter werden und Silikon-Valley-Utopisten die Unsterblichkeit planen“ (1). Neben dem Schreckenserlebnis wird hier der Tod als Planungsfehler der Schöpfung Mensch gesehen, den es zu korrigieren gilt.

Der Tod als Voraussetzung des Lebens

Der junge Schweizer Dichter Albert Steffen (1884–1963) notiert am 9. August 1909 in seinem Tagebuch, 24 Jahre alt und Medizinstudent in Deutschland: „Ein Arzt, der den Tod fürchtet und doch das Sterben anderer ertragen kann, ist undenkbar. Wenn er das Gefühl hätte, dass er selber Tag für Tag abstürbe und wieder auflebte, dass also der Tod etwas ist, was innerlich geschieht und nur geschehen kann dadurch, dass das Leben nachdrängt, so wäre er in der Verfassung, die ein Arzt haben soll“ (2). Welche wirklichkeitsbeschreibende Denkweise: der Tod schafft die Voraussetzung für ein neues, „nachdrängendes“ Leben. Was in der Natur tagtäglich beobachtet werden kann, was durch die Jahreszeiten auch in großen Zyklen offenbar wird, gilt das auch für den Menschen? Ist sein Tod nicht ein einmaliges Ereignis, das sein Leben eins für allemal beendet?

Auch der Mensch trägt als Leib Natur in sich. Im Leib wird jeden Augenblick des Lebens gestorben, neues Leben drängt nach. Das gilt augenfällig für alle Zellen, die Gewebe bilden. Manche leben nur wenige Tage und machen durch ihr Sterben neuen („jungen“) Platz, zum Beispiel weiße Blutkörperchen oder Schleimhautzellen. Andere leben viel länger, auch Jahre, Nervenzellen beispielsweise. Man hat das früher in einer von der Anschauung und Empfindung geprägten Medizin „Zellmauserung“ genannt, heute heißt es *Apoptose*, was eine abstrahierende Denkweise der Medizin den programmierten Zelltod nennt. Auch unser härtestes Gewebe, der Knochen, baut ständig alternde Knochenzellen ab und neue auf, bis ins hohe Alter. Wir sprechen von Regeneration oder – falls ein Knochen gebrochen war – von Heilung.

In der Lebensorganisation des Leibes, die als Lebensvorgänge („Lebensstufen“) mehrfach gegliedert ist, stehen sich polar zwei Kräftewirkungen gegenüber: Abbau und Aufbau. Rudolf Steiner sprach von das Leben *ertötenden* und das Leben *entfachenden* Kräften; erstere sind geprägt von bewusstseinsvermittelnden Sinnes- und Nerventätigkeiten, letztere von tief unbewussten Stoffwechsel- und Bewegungsvorgängen. Diese polaren Kräfte werden durch ein rhythmisch geordnetes Zirkulationsleben in ein dynamisches

Gleichgewicht gebracht (3). Alle wache Bewusstseinsbildung stützt sich auf abbauende Tätigkeiten im Leib, vorzüglich im Nerven- und Sinnesbereich. Ich könnte auch zugespitzt formulieren: in jedem Denk- oder Wahrnehmungsvorgang stirbt der Leib. Natürlich partiell und von dem nachdrängenden Leben („Aufbau") unbemerkt wieder aufgehoben. Und damit kann etwas erkenntnismäßig deutlich werden: Sterben und Tod gelten nur für unseren vielgliedrigen Leib. Die Seele ist ihrer Natur nach unsterblich, unser geistiger Kern, das Ich, ist ewig. Tod und Leben sind Elemente aller Entwicklung, allen Fortschreitens. Ohne diesen Kunstgriff der Schöpfung gäbe es nur Stillstand, Monotonie.

Wolfgang Amadeus Mozart (1756–1791), nicht ganz 36 Jahre alt geworden, erlebt den Tod als eigentliches Ziel des Lebens, wobei er auf den endgültigen Tod des Leibes schaut und nicht auf das lebenslang von der Geburt an vollzogene Sterben:

> *„Da der Tod genau zu nehmender wahrer Endzweck unseres Lebens ist, so habe ich mich seit ein paar Jahren mit diesem wahren, besten Freunde des Menschen so bekannt gemacht, dass sein Bild nicht alleine nichts*

Schreckendes mehr für mich hat, sondern recht viel Beruhigendes und Tröstendes. Und ich danke meinem Gott, dass er mir das Glück gegönnt hat, mir die Gelegenheit zu verschaffen, ihn als den Schlüssel zu unserer wahren Glückseligkeit kennen zu lernen. Ich lege mich nie zu Bette, ohne zu bedenken, dass ich vielleicht, so jung als ich bin, den anderen Tag nicht mehr sein werde, (…) und für diese Glückseligkeit danke ich alle Tage meinem Schöpfer, und wünsche sie von Herzen jedem meiner Mitmenschen" (4).

Eine solche Sicht auf den Tod ist in unserer Zeit mehr als ungewohnt, eigentlich kaum nachvollziehbar. Sie stammt aus einer Seele, die sich durch ihr Künstlertum eng mit einer geistigen Wirklichkeit verbunden hielt, die nicht so tief in die Leiblichkeit hinabstieg wie die allermeisten Menschen es heute tun, schon auf dem Boden einer Erziehung, die immer stärker von einem nüchternen Intellekt als von künstlerischer Vermittlung des Wissens geprägt ist. Aus einer Seele also, die sich starke Elemente des Kindseins erhalten hatte und das Wissen in sich barg, diesmal nicht allzulange Gast dieser sinnlich erfassbaren Erde zu sein. Das kann zu der Frage überleiten, welchen tiefen Sinn der Tod haben kann, modern gefragt: hat er überhaupt einen Sinn, oder sollten wir alle Anstrengungen unternehmen, ihn abzuschaffen, wie es die Bestrebungen aus dem Silicon Valley zeigen?

Die Sinnfrage des Todes

Wenn wir den Ausgang zur Beantwortung dieser Frage von dem dargestellten Zusammenhang der Sterbe- und Todesprozesse im Leib als Voraussetzung unserer Bildung der Wahrnehmungs- und Denkfähigkeit nehmen, muss der Tod ein Element des Bewusstseins sein. Diesen Zusammenhang hat Rudolf Steiner in seinem umfassenden Gesamtwerk immer wieder aufgegriffen und dargestellt. Ein Beispiel sei hier zitiert, dessen Inhalt uns weiterführen wird, der Sinnfrage des Todes näher zu kommen. Im Leben brauchen wir für unser Ich- oder Selbsterleben das Gegenüber, das Anstoßen des physischen Leibes. Den lassen wir im Augenblick des Todes zurück, legen ihn ab.

> *„Zum klaren, deutlichen, wachen Ich-Bewusstsein brauchen wir dieses Zusammenstoßen (mit dem Leib V.F.). Nun ist dem, der durch die Pforte des Todes gegangen ist, der äußere physische Leib genommen. Auf dieselbe*

Weise, wie zwischen Geburt und Tod, kann er das Ich-Bewusstsein nicht erzeugen. Er würde ohne Bewusstsein seines Ich den Weg zwischen dem Tode und einer neuen Geburt schreiten müssen, wenn nicht dieses Ich-Bewusstsein nun auf einem anderen Wege erzeugt würde. Dieser andere Weg ist der, dass alles dasjenige, was wir nun unmittelbar im Ätherleibe durchleben, nachdem wir durch die Pforte des Todes geschritten sind, die ganze Zeit über zwischen dem Tod und einer neuen Geburt bestehen bleibt."

Und etwas weiter im selben Vortrag:

„Das Todeserlebnis, das bleibt ebenso gewiss bestehen, wie das Geburtserlebnis verschwindet, wenn der Mensch in die physische Welt eintritt. Zu seiner Geburt sieht der physische Mensch nicht zurück in der physischen Welt, auf den Tod sieht er zurück in der ganzen Zeit zwischen Tod und einer neuen Geburt. Dieses Zurückschauen, dieses Treffen auf das Todeserlebnis, das ist es, was das Ich-Bewusstsein erzeugt zwischen dem Tode und einer neuen Geburt, dem verdanken wir es. Der Anblick des Todes ist ja nur von der Seite des

physischen Erlebens aus gesehen, wenn überhaupt, etwas Schreckliches. Nur da hat er Grauen und Schrecken, wenn man ihn von dieser Seite aus sieht. Der Tote sieht ihn aber von der anderen Seite. Und von dieser Seite aus gesehen, hat das Wissen wirklich nichts Furchtbares, dass gewissermaßen der Moment des Todes bleibend ist für das ganze Leben zwischen Tod und neuer Geburt. Denn wenn er auch Vernichtung ist, angesehen von dieser physischen Seite des Lebens, so ist er das Herrlichste, das Größte, das Schönste, das Erhabenste, was immerfort gesehen werden kann von der anderen Seite des Lebens aus. Da bezeugt er fortwährend den Sieg des Geistes über die Materie, die selbstschöpferische Lebenskraft des Geistes. In diesem Erfühlen der selbstschöpferischen Lebenskraft des Geistes ist das Ich-Bewusstsein vorhanden in den geistigen Welten" (5).

Das ist ungeheuer viel Stoff zum Nachdenken, erfordert Vorurteilslosigkeit gegenüber dem Ungewohnten, Ungedachten. Der Geist des Menschen, jedes Menschen unserer Zeit, kann das Bewusstsein von sich selbst über den leiblichen Tod hinaus erhalten, er lebt über diesen Lebensaugenblick, den Mozart Endzweck des Lebens nennt, hinaus; was bedeutet: ein Weiterleben nach dem Tode. Er ist Ausdruck des ständigen Sieges des Geistes über die Materie, er ist Befreiung des Geistes aus den engen Gesetzmäßigkeiten unseres Leibes. Er ist das Schönste, Herrlichste, Erhabenste, was wir als Ich und mit unserer Seele erleben können. Ist das nicht schon fast eine Provokation für unser gewohntes Denken? Und auch die Formulierung einer selbstschöpferischen Lebenskraft, zweimal kurz nacheinander, will erst ergründet werden, ist keine uns im alltäglichen Sprechen vertraute Aussage.

Als ein erster Sinn des Todes taucht also der Gedanke auf, dass wir unser im physischen Leben (in der Begegnung mit der Natur und ihrer mit den Sinnen erfassbaren Erscheinung, wozu auch unser Leib gehört) gewonnenes Ich-Bewusstsein erhalten können, wenn wir geistig wach ein neues Gegenüber anstelle des physischen Leibes bilden, den wir im Sterben und Tod abgelegt haben. Steiner nennt hier den Ätherleib, die leibartige Zusammenfassung aller Lebensvorgänge. Dieser erste nicht sinnlich erfahrbare Leib ist vielfach gegliedert, vergleichbar dem physischen Leib und seinen Organen. Das reine Leben gliedert sich siebenfach als Lebensstufen oder -vorgänge (3). Drei von ihnen – Sinnesleben, Nervenleben und Atmungsleben – „ertöten“ das Leben und schaffen so die Voraussetzung für unser waches Bewusstsein, was sich am stärksten im Denken zeigt. Drei weitere – Stoffwechselleben, Bewegungsleben und Reproduktionsleben – „entfachen“ (neues) Leben und schaffen die Grundlage für alle Stoffwechsel- und Aufbauprozesse, mit denen im Seelischen sich der Wille verbindet. Beide Tendenzen – Ertöten und Entfachen – werden im Gleichgewicht gehalten durch ein mittleres Zirkulationsleben, das Träger aller rhythmischer Prozesse im Organismus ist. Wichtige Eigenschaften des Äther- oder Lebensleibes sind auch seine Leuchtkraft, die der physischen Schwerkraft gegenübersteht sowie das von ihm gebildete originäre Licht, das im Seelischen Positivität erzeugt. Dieses hochkomplexe Gebilde „Ätherleib“ ist durchdrungen von der selbstschöpferischen Lebenskraft, die über den Tod hinaus unser Ich-Bewusstsein erhält. In ihr ist in jedem Menschen die Christuskraft wirksam, die den Tod überwunden hat. (6).

Christus und der Tod

In dem Credo („Ich glaube“) oder dem Glaubensbekenntnis aller christlichen Konfessionen steht der Glaubenssatz: „Dann überwand Er den Tod nach dreien Tagen“. Den Kreuzigungstod auf der Schädelstätte Golgatha hat Rudolf Steiner durch sein ganzes Lebenswerk ein „Mysterium“ genannt. Warum, wenn doch offenbar war, was vor und auf Golgatha geschah, verbürgt durch vier Evangelien?

Mysterien waren seit langen Zeiten Stätten der Einweihung und des Hütens von Erkenntnissen und Wahrheiten, die den Priestern oder Eingeweihten im unmittelbaren Verkehr mit der geistigen Welt, den „Göttern“, offenbar wurden. Sie wurden vor den Völkern geheim gehalten, sie wurden jedoch genutzt, um die Menschen und Völker in ihren Entwicklungen zu leiten und zu lenken. Die Geheimhaltung war so streng, dass auf ihren Verrat die Todesstrafe stand. In den Einweihungsriten war der mystische Tod von größter Bedeutung. Der Mensch wurde über den Schlaf bis zum Erleben des Todes geführt, um dann zum rechten Augenblick wieder in das Leben zurückgeholt, „geweckt“ zu werden. Diese tief geheimen Einweihungsgeschehen machte der Jesus Christus in der Auferstehung des Lazarus (Joh.1,1–54) zum ersten Mal „öffentlich“, das heißt er offenbarte das Geheimnis. Sein Tod am Kreuz war aus Sicht des Judentums die logische Konsequenz, doch ungewollt eine weitere Offenbarung eines tief verborgenen, nicht erkannten Geheimnisses: der Tod eines göttlichen Wesens in dem Menschen Jesus von Nazareth. Und damit vollzog sich eine Zeitenwende, denn der „alte Tod“ wurde bezwungen (Höllenfahrt am Karsamstag) und überwunden am Ostersonntagmorgen. Der „neue Tod“ trägt seit diesen Tagen die Kräfte der Auferstehung in sich. Den mittleren Satz oder Gedanken der Rosenkreuzer mit Blick auf die göttliche Trinität lautet: „In Christo morimur“. Rudolf Steiner hat diesem Gedanken einen tiefen Sinn in seiner (freien) Übersetzung gegeben: „In Christus wird Leben der Tod“. Denken wir an die Tagebuchnotizen des jungen Albert Steffen (s. S. 11), an das dort formulierte „nachdrängende Leben“, finden wir wieder die selbstschöpferische Lebenskraft in dem ausführlichen

Zitat aus dem Vortrag von Steiner. Göttliches Wesen in seiner hierarchischen und auch trinitarischen Vielfalt stirbt nicht, kennt den Tod nicht im eigenen Erleben. Der Tod ist ganz und gar ein menschliches Element, betrifft nur uns Menschen. Auch in der übrigen Natur wird nicht gestorben, gibt es den Tod nicht, auch wenn wir aus unserem Unverständnis von außen gesehen vergleichbare Geschehen so nennen. Steine und Mineralien *verwittern*, Pflanzen *verwelken*, Tiere *verenden*. Nur der Mensch *stirbt* und geht durch den Augenblick des Todes wie durch ein Tor.

Der Tod des Menschen wurde bis zur Zeitenwende des Mysteriums von Golgatha als etwas Endgültiges erlebt. Man kam in die Unterwelt, aus der es keine Rückkehr gab, die auch Eurydike und Orpheus nicht gelang. Deshalb lebte die Empfindung im klassischen Griechentum „Lieber ein Bettler in der Oberwelt als ein König in der Unterwelt". Dieses Erleben setzte sich fort bis in unsere Zeit, auch in den christlichen Konfessionen. Ich erinnere noch ganz deutlich meine Erfahrung des Vorkonfirmandenunterrichts in einer evangelisch-protestantischen Kirchengemeinde in einem kleinen Ort in der Nähe von Hannover. Der Tod setzte sich fort mit einem andauernden Warten auf das Jüngste Gericht. Der damals 13jährige empfand ganz tief, dass sein Verständnis von Gott und Christus einen solchen „Wartesaal 3. Klasse“, wie ich dieses Warten klassifizierte, nie und nimmer zulassen würde. (Damals gab es noch drei Reiseklassen bei der Eisenbahn und entsprechend unterteilte Wartesäle). Ich wollte in einem solchen Glauben nicht konfirmiert werden und wurde dann in der Christengemeinschaft konfirmiert.

Durch das Mysterium von Golgatha, vorbereitet durch die Jahre von der Taufe im Jordan bis zum Gründonnerstagabend, vollzog sich am Karfreitag durch den realen Tod des Leibes, am Karsamstag durch die Befreiung der Seelen aus der Schattenwelt, und im sich lichtenden Morgen des Ostersonntags durch die Auferstehung die Metamorphose des Todes zu dem geistigen Erleben, das Steiner „ein Herrlichstes, Größtes, Schönstes“ und so weiter nannte. Des Menschen Ich-Bewusstsein, das unmittelbare Erleben seines Selbstes, erhielt von diesem Tage an eine Intensität, die es zuvor nicht hatte, nicht haben konnte.

Es ist immer neu beindruckend, dass die moderne, medizinische Wissenschaft diese zweierlei

Arten des Todes unserer Leiber lehrt, ohne allerdings das hier vermittelte tiefere Verständnis zu kennen. Die erste Art von Sterben und Tod mit Blick auf die Zellen und daraus gebildeten Geweben bis zu den spezifischen Organen nennt sie *Nekrose*. Was hier, zum Beispiel infolge einer Entzündung oder Minderdurchblutung zugrunde geht, wird nicht wieder aufgebaut, sondern durch bindegewebige Narben ersetzt. Der zweite Zelltod heißt *Apoptose* und bedeutet Zell- oder Gewebsuntergang, um neues, junges Gewebe zu ermöglichen. Hier kann vergleichend von Tod und Auferstehung gesprochen werden. Die moderne Medizin spricht irreführend auch von „programmiertem Zelltod", was ihre grundsätzlich mechanische Denkweise unseres Leibes ausdrückt, den sie ja weitgehend als Automaten denkt. Von der geistigen Seite der Wirklichkeit aus angeschaut ist als Impuls des Mysteriums von Golgatha jedem neu entstehenden Menschenleib der Keim der Auferstehung eingeprägt, der Leben über den Tod hinaus und die Erhaltung eines Ich-Bewusstseins veranlagt. Seine leibliche Grundlage hat dieses Geschehen in dem schon erwähnten Zirkulationsleben, der mittleren der sieben Lebensstufen (s. S. 19). In ihm ist das Ich leiblich am tiefsten eingetaucht, es lebt in der Wärme des Bluts. Hier besteht eine ganz enge Verbundenheit mit der Immunorganisation, die ja ebenfalls ihre wesentlichen Anteile im Blut und seinem Bildeort, dem Knochenmark hat. Auch hier stoßen wir auf ein eindrückliches Bild: in dem härtesten, scheinbar toten („mineralischen“) Knochengewebe entdecken wir im Mark die höchste Bildetendenz des Lebens. „Während wir in unserem Blute leben, sind wir in unserem Knochensystem eigentlich schon gestorben“, sagt Rudolf Steiner in dem 6. Vortrag über eine Okkulte Physiologie 1911 in Prag (7). Es war ein erster Versuch von ihm, seinen Zuhörern die Gesundungskräfte des Menschen aus der Erkenntnis des Geisteswissenschaftlers nahe zu bringen. Seine damit veranlagten Impulse wurden kaum aufgegriffen, auch nicht von anwesenden Ärzten, von denen einige eng mit Steiner verbunden waren. Interessant mit Blick auf das Knochensystem ist auch, dass vom Mittelalter an der Tod bildlich als Skelettmensch erlebt und dargestellt wurde.

Nun ist dieser durch Christus im Mysterium von Golgatha gebildete Auferstehungskeim des Leibes jedem neu zur Erde kommenden Menschen eingepflanzt. Dass er jedoch wächst und schließlich Frucht trägt, ist nicht einfach gegeben, sondern bedarf der Aufmerksamkeit und Pflege des einzelnen Menschen selbst. Darf man, im Bilde des Wachsens und Fruchtens einer Pflanze, hier einen erkennbaren Zusammenhang damit sehen, dass Maria Magdalena als erster Mensch in der Frühe des Ostersonntagsmorgens den Jesus Christus in der Gestalt eines Gärtners wahrnahm (Joh. 20,11–18)?

Sterben als Teil des Lebens

Was bedeutet nun eigentlich das Sterben? Das Sterben geht ja jedem Tod voraus, ist der Weg, den wir zur Pforte des Todes beschreiten, der immer beschritten wird, sogar vor einem ganz plötzlichen, völlig unerwarteten Tod wie zum Beispiel einem Herzinfarkt, den die Medizin dann „Herzsekundentod“ nennt. Ein mir sehr nahestehender Mensch starb so, nach starker körperlicher Anstrengung, ohne jegliche vorausgehenden Anzeichen. Wirklich ohne? Eine enge Mitarbeiterin in seiner Firma berichtete nach der Todesnachricht, dass sie sich gewundert habe, dass der sonst eher unübersichtlich aussehende Schreibtisch des Chefs in einer Weise aufgeräumt war, wie sie es vorher noch nie erlebt hatte. Und die Familie berichtete, dass seine Schuhe, die sonst immer in den Raum schauten, diesmal so an der Tür bereitstanden, dass sie nach außen wiesen, hinaus aus dem Haus. Und das ist kein Einzelfall, solche Vorauszeichen eines plötzlichen, nicht erwartbaren Todes habe ich viele erlebt.

Wenn ich es paradox aussprechen darf, dann ist das Sterben ein Kunstgriff des Lebens. Oder anders ausgedrückt: es gibt kein Leben, das nicht das Sterben in sich birgt. Die Natur ist dafür ein großartiges Anschauungs- und Übungsfeld, am unmittelbarsten die Welt der Pflanzen. Reines Leben, das das Sterben ausschließt, wird auf längere Sicht an sich selber ersticken. Das Grimm'sche Märchen vom überkochenden Grießbrei ist dafür ein Imaginationsbild, es war mir als Kind immer ganz zuwider, weil ich Grießbrei nicht mochte. Eine tiefe Raffinesse der Krebskrankheit ist es zum Beispiel gerade, dass sich die Krebszelle unsterblich macht, in dem sie die bereits geschilderte Apoptosefähigkeit ausschaltet. Nun kann sie ungestört und ohne Ende wuchern, ohne allerdings zu bedenken, dass sie sich selber das Ende setzt, weil sie den Wirtsorganismus, den sie durchwuchert, erstickt und mit ihm zugrunde geht (8). Wir begegnen durch die Tagebuchnotiz von Albert Steffen dem „nachdrängenden Leben". Bei den schon angesprochenen sieben Lebensstufen sind es die dem mittleren Zirkulationsleben folgenden, Stoffwechsel-, Bewegungs- und Reproduktionsleben, von denen Rudolf Steiner schildert, dass sie Leben „entfachen" (9). Es ist das alte Mysterienwissen von „Stirb und Werde", das wir betrachten, aus dem heraus Angelus Silesius die Sinnworte schuf „Wer nicht stirbt, bevor er stirbt, der verdirbt, wenn er stirbt“. Sterben bedeutet auch sich opfern, Raum geben für einen oder viele andere. Ein bedeutendes Wort im Brief an die Galater des Apostels Paulus wurde von Rudolf Steiner immer wieder aufgegriffen: „Mein Ich ist durch das Gesetz für das Gesetz gestorben, um für Gott zu leben. Mit Christus bin ich gekreuzigt. Ich lebe, doch nicht mehr ich, sondern der Christus in mir“ (Galater 2,19–20). Wir sterben und auferstehen nicht nur leiblich in der von Geburt an wirksamen Zellregeneration, sondern auch seelisch, am intensivsten in jedem Erkenntnisprozess. Es sei erinnert an die durch Bewusstseinsbildung ausgelösten Abbauprozesse, denen unser Sinnes-, Nerven- und Einatmungsleben zugrundeliegen, bei denen Steiner von „das Leben ertöten“ mit Blick auf die ersten drei Lebensstufen spricht. Sieht man auf das Ziel des von der Biografie beschriebenen Lebensweges, den Mozart „Endzweck“ nannte, dann ist ein zentraler Anteil des Weges von der Geburt bis zum Tod das Sterben. Deshalb ist es für einen modernen, selbstbestimmten Menschen so wichtig, ja aus meinem Verständnis unverzichtbar, das Sterben schon im Leben bewusst zu erüben.

Im Leben das Sterben üben

Alles Sterben und den „Endzweck" des Lebens, den Tod, habe ich bis hierher vor allem von der leiblichen Seite aus betrachtet, weil nur den Leib, und eigentlich auch nur dessen stofflich-physische Ausgestaltung, das Sterben und der Tod betrifft. Schon der ebenfalls angesprochene Ätherleib, der alles leibliche Leben in sich birgt, der eine Lebensorganisation ist, stirbt nicht. Er trennt sich zwar, so beschreibt es Rudolf Steiner, nach dem Tod in kurzer Zeit von wenigen Tagen von dem Geistesmenschen, der dann aus Empfindungsleib („Astralleib"), den Seelengliedern und dem Ich fortlebt. Er wird dann, aufgenommen vom Weltenäther, ein ständiger Spiegel unseres Ich-Bewusstseins. Und ein Extrakt seiner Kräfte wird wie ein kleines Päckchen von geistigen Wesen bewahrt und dem Menschen wieder „einverleibt", wenn er sich vorgeburtlich im Zugang auf ein neues Erdenleben mit Hilfe hierarchischer Wesen einen neuen Ätherleib bildet.

Wenn man den vielen ungewohnten Gedanken bis hierher gefolgt ist, ist sicher klargeworden, dass der Tod und sein Verstehen-wollen jeden von uns an die Grenzfrage bringt, die auch Gretchenfrage genannt wird. Denn die ganz jugendliche und im besten Sinne naive Frau in Goethes „Faust", die er Gretchen nannte, fragt den ganz und gar nicht naiven, die Welt erforschenden Heinrich Faust: „Sag, Heinrich, wie hältst du es mit der Religion?" Seine mit Allgemeinplätzen gespickte, ausweichende Antwort befriedigt Gretchen jedoch nicht, sie äußert nur ihre Empfindung, dass der Herr Pfarrer so auch von der Kanzel aus spräche. Goethe hält seiner Zeit und besonders den Gebildeten, der Wissenschaft und den Theologen den Spiegel ihres Denkens vor. Eine immer tiefer in eine bloß sinnlich erscheinende Welt von Oberflächlichkeiten tendierende Wissenschaft, die letztlich die Weltauffassung des Materialismus begründete, eine gebannte Art des Denkens, ein Spiegeldenken. Goethe selbst stellte sich dem sinnlich Erfassbaren so gegenüber, dass dieses ihn über sein wahres Wesen belehrte, eine Methode, die als „Phänomenologie" charakterisiert wird. Diese Methodik Goethes, angewandt auf das Sterben und den Tod des Menschen, erfordert reines, vorurteilfreies Wahrnehmen und eine intuitive, das heißt ganzheitliche Beurteilung dessen, was das Gegenüber, das solcherart Angeschaute und Erlebte, mitteilt.

Persönlich-Überpersönliches

Die jetzt folgenden Darstellungen werden einzig zu dem Zweck gemacht, um die weiteren praktischen Übungsfelder als wirkliche Erfahrungen in der eigenen Biografie verständlich zu machen. Sie sind keine ausgedachten Theorien, sondern beschreiben erlebte Wirklichkeiten, die Entdeckung ihnen zugrundeliegender Gesetzmäßigkeiten und dann ihre Ausarbeitung und Umsetzung in die Praxis. Ich war der Schüler, Sterben und Tod meine Lehrer.

Mein Geburtsjahr 1935 fällt in die Jahre, von denen Rudolf Steiner voraussagte, dass von dieser Zeit an der Christus, nun in ätherischer Gestalt, den Menschen wieder sichtbar werden würde. Ein Evolutionsgeschehnis, das weit in die Zukunft reicht, bis in das vierte Jahrtausend. Hatte der besonders vorbereitete Mensch Jesus von Nazareth dem Christus das leiblich-seelische Gefäß bereitet, in das er sich einverleiben („inkarnieren“) konnte, ist es nun eine Engelwesenheit, die dem Christus ab dem 20. Jahrhundert die Leiblichkeit bildet. Die Engel haben keinen physischen Leib mehr, ihre „niedrigste" Leibesstruktur ist ätherischer Natur, ein Ätherleib. Dieser wird erst sichtbar durch die Erkenntnisfähigkeit der Imagination. Die konkrete Engelwesenheit, die dem Christus das neue Sichtbarwerden ermöglicht, trägt den Namen Widar, eine Asengöttergestalt der Edda, die über die Götterdämmerung hinaus aus der Zukunft wirkt, nachdem sie den Fenriswolf, der seinen Vater Odin getötet hatte, überwindet und für die weitere Entwicklung ausschaltet (10). Diese Zusammenhänge erwähne ich, weil ich sie mit mir und meinem diesmaligen Erdenleben zusammengehörig erlebe und mir verstehbar wurde, dass ich mich von Kindheit an dem Christus verbunden fühlte, ganz unabhängig von allen christlichen Konfessionen, in denen ich „meinen" Christus nicht fand. Als Jugendlicher las ich die Geschichte vom Großinquisitor in Dostojewskis *Die Brüder Karamasow* und verstand *meine* Unfähigkeit, im konfessionellen Christentum den Christus zu finden. Einen Aspekt meines Erlebens hatte ich ja schon am Beispiel des Vorkonfirmandenunterrichts geschildert (s. S. 24), ein anderer war die völlige Negierung der Freiheit des Geisteslebens und besonders die Intoleranz der Kirchenvertreter gegenüber Andersdenkenden und auch unter den verschiedenen Konfessionen.

Ich erlebte die Kriegsjahre bis Sommer 1943 in Berlin, wo wir als Familie die meisten Nächte in unserem „Luftschutzkeller" zubrachten und am frühen Morgen nach der Entwarnung den glühendroten Himmel als Folge der Bombardierung sahen. Und ich nahm wahr, dass im Krieg gestorben wurde, auch Menschen, die ich kannte, oft auch noch sehr junge. Das sicher einschneidendste Erlebnis war dann 1948 der Unfalltod meines Bruders Jens, der ein gutes Jahr älter als ich war, und mit dem ich durch alle Jahre eng verbunden war. Er war drei Tage im offenen Sarg bei uns zu Hause aufgebahrt und ich konnte miterleben, wie sich sein Wesen, Seele und Geist, von dem zurückbleibenden Leib trennten. Schon im Pflegepraktikum nach dem zweiten Semester des Medizinstudiums begegnete ich dann Sterben und Tod in seinen unterschiedlichsten Ausgestaltungen im Zusammenwirken mit Krankheit. Ich erlebte damit verbundenes Leiden, auch ruhige Akzeptanz, verstand den Begriff Todeskampf oder auch ein friedliches Einschlafen. Ich erlebte seine Majestät, den oft großen mit ihm verbundenen Frieden, doch auch die mit ihm verbundene

Furcht oder Angst, die Ungewissheit, die Trauer des Abschieds. Es wurde mir sehr bewusst, dass wir Menschen uns auf dieses besondere Ereignis frühzeitig vorbereiten müssten und wir so – wie es Geburtshelfer gibt – auch Helfer bei Sterben und Tod ausbilden müssten. Wobei für mich klar und selbstverständlich war, dass hier eine zentrale Aufgabe des Arztberufes gegeben ist, wenn auch den Mittelpunkt der Sterbebegleitung die Pflege und die sie ausübenden Menschen bilden. Hier ist von mir Begleitung des Sterbens und nicht aktive Sterbehilfe gemeint. Mich begleiteten das Märchen vom Gevatter Tod, wie es die Gebrüder Grimm aufgezeichnet hatten, und die Aussage Rudolf Steiners, dass dem Menschen in seinem Lebensplan auch die Todesstunde eingeprägt wurde, sodass es eine spezielle Verantwortung des Arztes ist, diese wahrzunehmen und nicht durch welche Maßnahmen auch immer zu stören, oder sie gar zu verhindern, was seit der zunehmenden Dominanz der Technik in die Medizin mehr und mehr möglich wurde.

Das Grimm'sche Märchen vom Gevatter Tod ist eine reale Vision dessen, was heute in der modernen Medizin mit all ihren technisch-apparativen Möglichkeiten, im Besonderen der Intensivmedizin, tagtäglich geschieht: die Manipulation des Todes. Ein armer Mann sucht nach einem Paten für sein 13. Kind, einen Sohn. Er begegnet erst Gott, dann dem Teufel. Beide bieten sich als Pate an, beide lehnt er ab, Gott, weil er ihn als ungerecht erlebt, den Teufel sieht er als Betrüger und Verführer. Schließlich begegnet ihm der Tod, den er zum Gevatter wählt, weil er alle gleichbehandelt, nicht zwischen reich und arm unterscheidet. Als der Sohn erwachsen geworden ist, führt ihn der Tod in den Wald und zeigt ihm ein Kraut, mit dem er jede Krankheit heilen kann. Der Tod stellt nur eine Bedingung: „Du wirst mich immer am Krankenbett stehen sehen. Stehe ich am Kopfende, dann kannst du das Kraut geben und den Kranken heilen. Stehe ich jedoch bei den Füßen, so ist er mein, und du musst sagen, dass alle Hilfe umsonst ist". Der Patensohn wird ein berühmter Arzt, weil er Viele heilt, und immer im Voraus weiß, ob einer geheilt werden kann oder sterben muss. So wird er auch an das Krankenbett des Königs gerufen. Den Tod sieht er am Fußende stehen. Er überlegt den Ruhm und das viele Geld, das er gewinnen kann, wenn er den König heilt, dass er dessen Leibarzt werden kann. Und er überlistet den Tod, indem er den König aufhebt und so wieder in das Bett legt, dass nun der Kopf zum Tod zeigt. Dieser ist zornig und droht dem Patensohn: „Du hast mich betrogen. Einmal lasse ich es dir durchgehen, weil du mein Patensohn bist. Wage es aber nicht noch einmal, sonst wird es dir schlecht ergehen". Natürlich wird wenig später die Königstochter krank, und wieder steht der Tod an den Füßen. Die Verlockung, ihr Gemahl zu werden, ist für ihn so groß, dass er den Tod ein zweites Mal hintergeht, indem er auch die Königstochter im Bett so umlagert, dass nun ihr Kopf beim Tod zu liegen kommt. Da packt ihn der Tod und führt ihn in eine tiefe Höhle, wo tausend und abertausend Kerzen brennen, manche noch groß, andere sehr klein, manche Flammen lodern auf, andere verlöschen gerade. Der Tod zeigt dem Arzt sein Lebenslicht, das ganz klein und gerade am Verlöschen ist. Dieser erschrickt und bittet den Tod, ihm eine neue Kerze aufzustecken. „Ich kann das nicht, antwortete der Tod, erst muss eine verlöschen, ehe eine neue Kerze angezündet werden kann"! Der Arzt bettelt und fleht, und der Tod nimmt eine neue, große Kerze, stellt sich absichtlich aber so ungeschickt an, dass beim Aufstecken der neuen Kerze das Lebenslicht des Arztes erlischt. Und alsbald sinkt der Arzt zu Boden und ist nun selber in der Hand des Todes.

Wie viel Wirklichkeit und Wahrheit steckt in diesen Bildern! Denken wir an den Tod als Voraussetzung für ein neues Leben, an den medizinischen Begriff der Apoptose. Es muss erst eine Kerze erlöschen, ehe eine neue angezündet werden kann. Oder eben die Intelligenz, verbunden mit persönlichem Begehren von Ruhm und Reichtum, mit welchen der Arzt den Tod betrügt, indem er den Kranken so umlagert, dass der Tod am Kopf des Kranken anstatt an dessen Füßen steht. Mir war, wie gesagt, dieses Märchen früh ein starkes Motiv, die Schicksalsgesetze der einzelnen Menschen, die meine Patienten und schwerkrank waren, so zu erforschen, dass ich in ihrem Sinne und damit auch im Sinne des Patienten handeln konnte. Rudolf Steiner nannte diese Kraft eine „Ergebung in den Weltenlauf" (11). Zusammen mit den voraus genannten Kräften des *Staunens*, der *Ehrfurcht* und dem *Einklang mit den Weltgesetzen* wurden sie für mich ein ganz zentraler Schulungsweg für den Arztberuf (12). Und doch stand scheinbar im Kontrast dazu die Forderung, der Arzt müsse immer auf das Leben schauen, nicht auf den Tod. Auch dieses scheinbar Unvereinbare bekommt einen Sinn, wenn Leben mehr ist als die Zeit von der Empfängnis bis zum Tod. Der Mensch lebt schon vor der Empfängnis und vor allem über den Tod hinaus. So wird erlebbar, wie groß die Verantwortung ist, den Menschen in Würde in das Erdenleben zu helfen, und auch in ein ichbewusstes Leben nach dem Tode.

Ich denke, das hier aus der eigenen Biografie Geschilderte müssen Sie als Leserin und Leser von mir kennen, um die folgenden Übungen und Ratschläge als persönlich Erfahrenes und Geübtes zu verstehen und sie vielleicht ja auch in Ihren Lebensgang aufzunehmen, um schon im Leben das Sterben zu erüben. Um es dann, wenn es an Sie herantritt, auch zu *können*; um in Menschenwürde und ohne Furcht den Todesaugenblick in seiner Ich-bezogenen Herrlichkeit uneingeschränkt erleben zu können.

Beispielhafte Übungen

Die hier zur Darstellung ausgewählten Übungen folgen in einer gewollten Ordnung der Gliederung des Menschen, leiblich in Stoff-, Lebens- und Empfindungsleib sowie der Ich-Organisation, seelisch vor allem in der Empfindungsebene (Empfindungsseele), dennoch die unteilbare Seele als Ganzes erfassend. Und alles durchdringend und prägend, impulsgebend, unser ewiger Wesenskern, den Steiner das „Ich" nennt und zugleich als den „eigentlichen" Menschen charakterisiert. Er zeigt sich auch als unverwechselbare Individualität oder – mit einem Begriff von Aristoteles – Entelechie.

Die Wahrnehmung erüben

Auf der physischen Ebene arbeiten unsere Sinnesorgane, die uns die Welt außerhalb von uns, aber auch unser Innenleben wahrnehmen lassen und ins Bewusstsein bringen. Diese Welt nennen wir „sinnlich“, weil sie eben mittels unserer Organe erkennbar wird, in Erscheinung tritt. Mir erscheint bedeutsam, dass in diesem Wort der deutschen Sprache der Schein auftritt, den die östliche Weisheit Maya nennt. Erkennen wir mit unserer sinnlichen Wahrnehmung keine Wirklichkeit, nur Schein? Und wenn es eine sinnengegebene Wahrnehmung gibt, existieren dann auch davon unabhängige Wahrnehmungen, die zum Beispiel unter- oder übersinnlich sind? Diese Fragen sucht die Wissenschaft durch ihre Erkenntnistheorien zu beantworten. Sie spricht auch von der Methodik, welche zur Erkenntnisgewinnung angewendet wird. Das soll hier nicht weiter verfolgt werden. Es soll nur darauf aufmerksam gemacht werden, weil die Wahrnehmung die Eintrittspforte aller Erkenntnis ist. Sie kann auch ein Tor zu einer von mir unabhängigen Welt sein, einer über- oder untersinnlichen Welt, wie auch der Tod ein solches Tor zu einer anderen Welt ist.

In jede sinnlich gefasste Wahrnehmung ersterben wir. Rudolf Steiner spricht von *ersterbenden Sinnesleben* als erster Lebensstufe, mit der das ertötende Leben in uns beginnt und sich mit *bewahrendem Nervenleben* und *bildschaffenden Atmungsleben* fortsetzt. Dieser Sterbevorgang in dem wahrnehmenden Menschen ist notwendig, weil er das wahrzunehmende „Objekt" nur in seiner Ganzheit erfasse, wenn er für den Augenblick der Wahrnehmung vollständig von sich absieht, sich ganz und gar vergisst. Dann ist die Wahrnehmung objektiv, Steiner sagt auch „reine Wahrnehmung" (13). Dieser Wahrnehmungsaugenblick bedeutet einen Sterbevorgang des Selbstes, das sich ganz an das Objekt verliert, für einen Moment mit demselben verschmilzt. Es ist ein uns nicht bewusstwerdender Sterbeprozess, der so kurz andauert, dass wir ihn nicht bemerken und deshalb als Mensch unserer Zeit auch nicht erkennen. Die Schulung des Wahrnehmens mit unseren Sinnen erübt also in unserem unbewussten Menschsein das Sterben. Und da dieses – wie ausgeführt wurde – ein entscheidender Anteil des Lebens ist, sollte es durch bewusstes Üben ein Leben lang geschult werden.

Unser unmittelbarstes Gegenüber bildet die Natur in ihrer Einfachheit, ganz im Besonderen die Pflanzenwelt. Schon die Tiere sind für das Wahrnehmen viel komplexer, und wie viel mehr noch der Mensch! Für diesen hat deshalb der Mediziner Apparate geschaffen, die an seiner Stelle die Wahrnehmung übernehmen und ihr eine – so wird geglaubt – starke Objektivität geben, wo die menschliche Wahrnehmung mit ihrer scheinbaren Subjektivität die jeweilige Wirklichkeit verbiege. In den vier Naturreichen ist die Pflanze dem Menschen am nächsten, sie ist wie er von ihrer Grundtendenz aufrecht, in Wurzel, Stängel/Blatt und Blüte dreifach gegliedert, so wie der Mensch in Sinnes-Nerven-, Rhythmisches und Stoffwechsel-Bewegungssystem. Nur dass sie in der Ausrichtung zwischen Erde und Kosmos ein zum Menschen umgekehrtes Verhältnis hat: ihr „Kopf" ist die Wurzel, ihr Stoffwechselpol die Blüte mit Frucht und Samen. Dazwischen vermittelt, wie beim Menschen das Rhythmische System der verbindende Stängel mit den rhythmisch gegliederten Blättern die beiden Pole. Die besondere Beziehung von den Pflanzen mit uns Menschen zeigt auch das ausgleichende Verhältnis zu Kohlensäure und Sauerstoff: was der eine ausscheidet, nimmt der andere dankbar auf und umgekehrt. Und nicht zu vergessen die Gaben der Pflanzen von Nahrung und Heilmitteln für uns Menschen! Deshalb bietet sich für das Üben oder Schulen der Wahrnehmung mehr als alles andere – zu mindestens für den Anfang – die Pflanze an.

Eine erste Übung, die ich auch oft Patienten empfohlen habe, ist die exakte Beobachtung von

Pflanzenformen. Es wird zum Beispiel ein Ahorn- oder Birkenblatt gesucht, sorgfältig angeschaut und dann mit einem weichen Bleistift auf ein Blatt Papier gezeichnet. Und eben so genau wie möglich. Denn die Exaktheit jeder Wahrnehmung ist für die eigene Gestaltung des Ich, aber auch für seine Wirklichkeitserfahrung von größter Bedeutung. Exaktheit ist ein elementarer Anteil aller Naturwissenschaften. Da gibt es kein „ungefähr". Hat man die Übung mehrfach wiederholt und ist das Ergebnis zufriedenstellend, kann man das Pflanzenblatt weglegen und zeichnet es nun aus dem Gedächtnis, um das Ergebnis dann mit der Wirklichkeit zu vergleichen. Weitere Pflanzenformen wie Blüten, Früchte oder auch Wurzeln können diesen Übungsteil ergänzen, ohne dass man sich überfordert.

Hat man längere Zeit so geübt und eine gewisse Fertigkeit erreicht, wird das Formenempfinden weiter gesteigert, indem man nun die Form nicht mehr zu Papier bringt, sondern innerlich – am besten mit geschlossenen Augen – bildlich gestaltet, ich könnte auch sagen „zeichnet". Hat man zunächst noch eine reale Vorlage – ein Blatt, eine Frucht, eine Blüte – und vergleicht so den inneren Aufbau von deren Gestalten, kann man weitergehen, und selber freie Formen schaffen, die nicht von außen kommen und „abgezeichnet“ werden, sondern die man aus der eigenen Schöpferkraft, ich kann auch sagen Phantasie, entstehen lässt. Gelingt dies mit einzelnen Formen, geht man noch einen Schritt weiter und gestaltet nun eine ganze Pflanze. Und zwar nicht als Bild wie eine Fotografie, sondern im Verfolgen ihrer tatsächlichen Entstehung: beginnend mit dem Samen, dann der erste Keim, noch ganz embryonal, das Wachsen des Stängels mit den Ansätzen der Blätter, die Knospe, die sich zur Blüte entfaltet, bestäubt wird, fruchtet, wieder Samen bildet, in denen die zukünftige Pflanze veranlagt ist. Man beginne mit einfach gestalteten Pflanzen, einer Primel, einem Löwenzahn, und übe treu in immer neuen Wiederholungen, bis der Aufbau gelingt und der äußeren Wirklichkeit entspricht.

Hat man diesen *Aufbau* der Pflanze stetig geübt und zu einer gewissen Vervollkommnung gebracht, sollte – gerade mit Bezug auf das Sterben – nun die gleiche Pflanze in ihr *Verwelken* begleitet werden. Dann ist man innerlich verbunden mit dem großen Entwicklungsgesetz von Entstehen und Vergehen, das der ganzen, großen Schöpfung zugrunde liegt. Und man erlebt innerlich, dass jedem Sterben und Tod ein neues Werden, eine Auferstehung innewohnt, wie wir dieses Geschehen zurecht mit einem christlichen Begriff benennen können.

Ohne hier auch nur annähernd alle Möglichkeiten solcher Wahrnehmungsübungen darstellen zu wollen, sei der Blick nur noch auf die Zeit gelenkt. Man kann die Wahrnehmung der Natur auch mit der Zeit verbinden. Man sucht einen realen Strauch oder Baum im Winter auf, studiert seine Gestalt, Wuchsform, Standort, und verfolgt nun durch ein ganzes Jahr in zeitlichen Abständen von zum Beispiel einer Woche seine Veränderungen, bis das Jahr vollendet ist und man (scheinbar) wieder an seinen Ausgangspunkt angelangt ist. Man kann Gleiches auch mit einer Landschaft machen, entweder auch im Jahreslauf, oder im Tageslauf, morgens, mittags und abends. Bei allen solchen Begegnungen wird man erleben, dass etwas Liebgewordenes, Vertrautes sich verändert, vielleicht auch ganz verschwindet und ist mitten im Erleben der Sterbeprozesse, ohne sie so zu nennen.

Gewohnheiten verändern

Gehen wir eine leibliche Stufe weiter von der Sinnes-Wahrnehmungsseite zu den Lebensvorgängen, so wähle ich eine Fähigkeit dieses Lebensleibes als Übungsfeld heraus, die wir „Gewohnheitsbilden“ nennen können. Im Leben ist ein wichtiges Element die Wiederholung, das Gleiche vergeht und stellt sich wieder her. Auch im Musikalischen finden wir diese Gesetzmäßigkeit, beispielsweise in einer Sonate oder Symphonie. Genauer hingeschaut wird allerdings klar, was schon Goethe für das Leben der Pflanze beschrieb, dass die Wiederholung eine Steigerung erfährt, sie ist gleich und doch anders. Das unterscheidet alles Lebendige von einem Automaten oder einer Maschine. Gerät diese Qualität der Steigerung des Gleichen jedoch aus der Aufmerksamkeit des Ichs, bemerkt dieses nicht mehr, dass sich das Vorangehende *unverändert* wiederherstellt: es entstehen starre Gewohnheiten, wenn sich das Leben zunehmend genauso wiederholt wie es immer schon war. Dann automatisiert es sich. Es ist dann „unsterblich“, weil es sich zwar ständig wiederholt, aber immer gleich bleibt. Das habe ich schon für die Krebszelle geschildert, die die Apoptosefähigkeit in sich abstellt und nun permanent – ohne Sterben und Wiederauferstehen – das Gleiche wiederholt, uniforme Zellen produziert (s. S. 29). Solche Zellen fallen aus der Ich-Prägung und -Gestaltung heraus und bilden ein Fremdes, das sich gegenüber der Immunabwehr so maskiert, dass es nicht erkannt wird. Kann dieser Darstellung gefolgt werden, kann auch verstanden werden, dass im Ablegen einer Gewohnheit das Sterben geübt wird, dass damit – jetzt im übertragenen Sinne gemeint – die Apoptosefähigkeit wieder angestellt, wiederbelebt wird. Denn alles Üben vom Sterben im Leben bedeutet ja, neues Leben anzufachen, hat also einen doppelten Sinn.

Diesem Wiederholen und Steigern des Lebendigen, der Lebensvorgänge, liegt eine Kraft zugrunde, die für unser Menschsein im Leben von der Geburt bis zu Tod und über diesen hinaus von größter Bedeutung ist: die Gedächtnisbildung. Sie ist eine Lebenskraft, die sich allgemeiner in aller Speicherung zeigt, Bevorratung zum Beispiel von Zucker (als zusammengepresster Vorratsstoff Glykogen), als Vitamine, als Blutgerinnungsstoffe und viel, viel mehr. So ist auch die Gedächtnisbildung eine Speicherung, eine Bevorratung von Erlebtem, das in der Summe Erfahrung wird, *Lebenserfahrung*. Wie sprechend, dass die moderne, abstrahierende Medizin die Erfahrung als nicht wissenschaftlich bezeichnet und deshalb kaum berücksichtigt. Sie hat eben überhaupt keine Anschauung oder gar Wissenschaft von dem, was Leben ist. Wichtig ist mir zusätzlich der Hinweis, dass auch im Gedächtnis Steigerungsfähigkeit ist, nämlich im Erinnern. Während das Gedächtnis das Erlebte und Wahrgenommene ganz exakt, „objektiv" speichert, gestaltet die Erinnerung in der Neubelebung des Gedächtnisses dieses aus, „färbt" es „subjektiv". Das Erinnern ist eine Seelentätigkeit, speziell der sogenannten Empfindungsseele, die eng dem Leibesgeschehen verbunden ist.

Nach diesem kleinen, mir wichtig erscheinenden menschenkundlichen Seitenblick, zurück zu den Gewohnheiten: Sie sind wichtig und unverzichtbar, dürfen sich aber nicht vom Ich unabhängig machen und verselbstständigen. Deshalb ist es eine große Hilfe für eine fruchtbare Lebensgestaltung, erlernte Gewohnheiten abzulegen und auf sie zu verzichten. Das ist leichter gesagt als getan, und im entschlossenen Erüben stark als Sterbeprozess erlebbar, ja, bei bestimmten Gewohnheiten könnte ich bildlich auch von einem (Todes-)Kampf sprechen. Man sehe in dieser Übungswelt nichts Moralisches, gerade auch nützliche Gewohnheiten können im Ablegen große Kräfte freilegen. Und man darf sie zu einem späteren Zeitpunkt ja auch wieder aufgreifen, oder an ihrer Stelle eine andere Gewohnheit aufbauen. Nur das Stirb und Werde an den Gewohnheiten zu erüben, ist der eigentliche Sinn dieses Übungsfeldes.

Gerade die besondere Zeit der Corona-Pandemie hat sich Beispiele dafür geschaffen, was Verzicht auf Gewohnheiten bedeuten kann. Zum Teil war er verordnet, zum Teil aber auch freiwillig geleistet, zum Beispiel im reduzieren oder auch ganz verzichten auf Reisen, Bummeln und Shoppen in der Stadt oder auch im bewussten Abstandhalten. Ich selber erlebte, wie ich jeweils bewusst eine Entscheidung getroffen habe, ob etwas zwingend notwendig war oder unterbleiben konnte. Wichtig waren mir vor allem die sozialen Kontakte und das fortgesetzte Begegnen mit der Natur. Dagegen konnten Opern- oder Konzertbesuche, auch die Restaurantbesuche durchaus pausieren, vieles davon konnte als Erinnerung weiterleben. Und wohl jeder nachdenkliche Mensch wird stark erlebt haben, welche Chance die Pandemie eröffnete, Unterscheidungen zu treffen, was für das eigene Sein wichtig, vielleicht auch unverzichtbar ist, und auf was durchaus verzichtet werden kann, auch mit Blick auf die gesellschaftliche Verantwortung in Zusammenhang mit der Klimabelastung, energetischer Ressourcen und den Umgang mit Lebensmitteln.

Verzicht und Abschied

Diese beiden Seelenfähigkeiten haben viel mit den leiblichen Sterbeprozessen zu tun, stützen sich auf sie. Verzicht ist in einer ganz auf Konsum programmierten Gesellschaft überhaupt nicht vorgesehen. Die Regale sind doch voll, die Preise in der Regel scheinbar günstig. Das ist natürlich nur der äußere Spiegel des eigentlichen Phänomens der Fähigkeit zum Verzichten. Es fällt tatsächlich schwer, den Sinn und die positive Wirkung von Verzicht deutlich zu machen. Vielleicht ein einfaches Beispiel als erster Versuch: Es steht nur noch ein freier Stuhl zur Verfügung, doch zwei Menschen wollen sich setzen. Es kann ein Gerangel geben, oder der eine verzichtet und bleibt stehen. Es kann sogar sein, dass alle Plätze besetzt sind und ein Hinzukommender, vielleicht älterer oder gebrechlich, einen Platz sucht. Einer der Sitzenden steht auf und bietet dem anderen seinen Platz an. So entsteht aus dem Verzicht auch Höflichkeit, auch eine seltener werdende Eigenschaft. Ich kann aber auch mir selber gegenüber verzichten. Die angebrochene Tafel Schokolade könnte ganz aufgegessen werden, ich verzichte darauf und freue mich, auch morgen noch etwas davon zu haben. Verzicht bedeutet immer auch Gewinn, Sterben gebiert immer neues Leben.

Abschied wird schon eher als ein dem Sterben ähnliches Erleben verständlich. In dem deutschen Wort verbirgt sich das Scheiden, was auch immer ein Sich-Trennen beschreibt. Jeder wird seine eigenen Erfahrungen mit vielfachen Abschieden in seinem Leben gemacht haben. Es gibt ein endgültiges Verabschieden, nicht nur durch den Tod eines Menschen, doch genauso wichtig partielle Abschiede, die zeitlich begrenzt sind und nach einer Zeitspanne wieder zusammenführen. Manchmal kennt man diesen Zeitpunkt, wenn ein geliebter oder einem nahestehender Mensch von einer längeren Reise wie geplant zurückkehrt, manchmal kann man auf ihn hoffen, weiß aber nicht, ob die Hoffnung sich erfüllt, wenn zum Beispiel ein Mensch in den Krieg zieht und dabei natürlich auch sein

Leben verlieren kann oder in Gefangenschaft gerät. Verabschieden kann sich aber auch auf Dinge oder Sachen beziehen, von denen man sich trennt, oft nach langer Zeit des Besitzens. Das kann ein Buch sein, ein wertvolles Schmuckstück, alles an Besitztümern ist denkbar. So verbindet sich Verabschieden teilweise auch mit Schenken, und Dankbarkeit strömt zurück. Es ist immer wieder wichtig, Sterben als einen Prozess zu sehen, der immer über sein Ende eine ganz neue Möglichkeit schafft, einen Lebensvorgang eben nicht nur im Bereich lebendiger Organismen, sondern auch im Miteinander des Sozialen. Dieser Gedanke führt wieder in eine neue Ebene, die nun die unmittelbare geistige oder Ich-Ebene ist.

Selbsterkenntnis

Einer der schmerzhaftesten Sterbeprozesse ist die Selbsterkenntnis, die als ein Ruf des Gottes Apollo aus der klassischen Zeit des Griechentums durch die Jahrtausende zu uns herübertönt: „Mensch, erkenne dich selbst!" Dabei ist nicht eine psychologische Selbstfindung gemeint, sondern eine intensive innere Einkehr mit der Frage: was ist die Idee des Schöpfers, um deren Erfüllung er mich in meiner Besonderheit schuf. Denn der in unserer Epoche immer stärkere Ich-Impuls und das Bilden von Individualität bis in das Leibliche hinein, macht doch nur einen Sinn, wenn mit jedem Ich eine Eigenheit, ein besonderes Gestalten der fortschreitenden Schöpfung auf ihr Ziel hin veranlagt und gewollt ist. Von dem Arzt und Naturforscher Carl Gustav Carus (1789–1869) stammt der Satz: „Jeder Mensch, ja alle Kreatur ist eine Idee Gottes, und alle sind gleich wert.“ In jeder wirklichen Begegnung mit dem Geschaffenen kann die Frage auftauchen: „Was will Gott mit dir, durch dich“? Und diese Frage richte ich in der wahren Selbsterkenntnis auf mich selbst. Bin ich treu auf dem Weg, der mich die mir gestellte Aufgabe erfüllen lässt, in vollem Wissen, dass es ein noch langer Weg ist, der mich durch viele weitere Erdenleben (Inkarnationen) führen wird, den ich auch schon durch längere Zeiten und vorausgegangene Erdenleben beschritten habe? Den ich in erster Linie für die Schöpfung gehe, für deren Fortgang ich berufen wurde, der aber auch mir Entwicklung gibt zu dem dann wieder allgemeinen Ziel, Teil einer Hierarchie der Freien, Träger und Vollzieher der Freiheit zu sein.

Dieser absolut ehrliche Weg der Selbsterforschung ist in meinem Denken und Erleben ein Sterbeprozess, in dem von mir angesprochenen Prozess des Stirb und Werde. Rudolf Steiner hat in seinem ersten der vier Mysteriendramen, *Die Pforte der Einweihung,* schon im zweiten Bild eine künstlerisch-imaginative Darstellung dieses Weges geschaffen. Der Maler Johannes Thomasius, Schüler des Eingeweihten Benedictus, meditiert in einer Seelenlandschaft, die die äußere Natur spiegelt. Aus Quellen und Felsen ertönt ihm immer wiederholend entgegen „O Mensch, erkenne dich!". Und wir können nun den immer schmerzvolleren Erkenntnisweg mitgehen, der ihn bis an einen Abgrund führt, aus dem ihm ein schauervolles, ihn fesselndes Wesen „anglotzt". Er fragt „Wer bist du, schauervolles Wesen?" Und erneut tönt es aus Quellen und Felsen „O Mensch, erkenne dich!". In diesem Augenblick ergreift ihn das Selbsterkennen: „O, ich erkenne dich. Ich bin es selbst". Und später, nachdem die Seelenfreundin hinzugetreten ist und im gemeinsamen Betrachten des von ihm Erlebten heißt es dann „Ich war ein jeder, nur selbst erstarb ich mir" (14).

Dieses Ersterben des Selbstes als seelischer Prozess, den wir leiblich in unserem Immunsystem wiederfinden, führt zur Selbstlosigkeit, die wiederum in einem viel höheren Selbst zu einem neugeborenen Selbst aufersteht. Dieses Geschehen hat als wohl erster Mensch der Apostel Paulus verwirklicht. Er berichtet in dem schon zitierten Brief an die Galater: „Nur wenn ich das, was ich aufgelöst habe, wiederum errichte, mache ich mich selbst zum Übertreter. Mein Ich ist durch das Gesetz für das Gesetz gestorben, um für Gott zu leben. Mit Christus bin ich gekreuzigt. Ich lebe, doch nicht mehr ich, sondern Christus in mir" (Galater 2,18–20).

Dieses ursprünglich kosmisch-geistige Christuswesen hat ganz außerhalb aller Glaubensrichtungen für alle Menschen den Tod verändert, wie es schon dargestellt wurde. Es gibt einen Tod und eine mit ihm verbundene Macht vor der Einwohnung des Christus in dem Menschen Jesus von Nazareth, und einen Tod nach dem Mysterium von Golgatha, dem Durchschreiten des Todes durch einen Gott in einem Menschleib und einer Menschenseele. Selbsterkenntnis in dem hier geschilderten Sinne ist also auch ein moderner Einweihungsweg, der nicht mehr in geheimen Mysterien unter Ausschluss der Öffentlichkeit gegangen wird, sondern den jeder Mensch aus eigenem Entschluss und Freiheit gehen kann

(15). Er erfordert Mut und Wahrhaftigkeit sich selber gegenüber. Er ist auch kein einmaliges Ereignis, sondern ein Weg in Abschnitten oder auch Stationen, wie sie die Christenheit in dem Passionsweg Christi als Vorbild sieht. Er verbindet sich mit dem Gewissen, einer tief inneren Instanz in uns, die das ganze Leben ihre Stimme erhebt, mal leise, mal lauter, und den Weg der Selbsterkenntnis in uns anstößt.

Zeitgeschehen

Die Jahre seit Beginn der Pandemie durch ein Coronavirus haben die Frage nach der Bedeutung des Todes für alles Leben mit deutlicher Stimme in unser Bewusstsein getragen. Seit Urzeiten wird gestorben, aus natürlichen Gründen wie Alter oder Krankheit, aus besonderen durch Epidemien, Kriege, Naturkatastrophen wie beispielsweise ein Erdbeben oder ein Tsunami. Nie zuvor hat sich die politische Kraft der Regierenden veranlasst gesehen, derart in das gesellschaftliche Leben einzugreifen wie seit dem Frühjahr 2020. Im Winterhalbjahr 2017/2018 starben in Deutschland etwa 25 000 Menschen an einer Grippeepidemie. Jedes Jahr sterben über 40 000 Menschen allein an der Krebskrankheit, annähernd die gleiche Zahl an Krankenhausinfektionen. Wo war da eine politische Willensbekundung wie 2020 durch den Bundestagspräsidenten, dass jeder Tote durch das Pandemie-Virus einer zu viel sei, wodurch alle Formen des Lock-downs und anderer Formen gesellschaftlichen Stillstands gerechtfertigt wurden? Wobei diese gar nicht in Frage gestellt werden sollen, sondern die Frage gestellt wird: warum trat der Tod des Menschen durch das äußere Geschehen der Pandemie plötzlich so heftig in ein allgemeines Bewusstsein, wurde erneut Schrecknis, das sich mit einer sich epidemisch verbreitenden Angst verband? Fahren nicht die meisten Menschen mit einem Auto, obwohl man damit tödlich verunglücken kann, ebenso mit Flugzeug und anderen Verkehrsmitteln? Riskieren nicht Menschen ihren Tod beim Bergsteigen oder anderen Abenteuern?

Eine mögliche Antwort kann sein, dass die Pandemie uns Menschen aufwecken will, den Tod nicht als Betriebsunfall des Lebens zu sehen, den man mit allen Mitteln vermeiden möchte, (man denke an die erwähnten Forschungsanstrengungen im Silicon Valley), sondern als den Kunstgriff des Lebens, immer neues Leben zu erschaffen. Und für uns Menschen selbst, den Tod im Zusammenhang der Ich-Entwicklung zu sehen und ihn so nicht mehr als ein Ende, sondern als eine Möglichkeit eines Neuanfangs zu sehen. Und zu entdecken, wie der Tod und das mit ihm eng verbundene Sterben ein andauernder Prozess des ganzen Lebens von der Geburt an ist, dass jede Bewusstseinsbildung nur möglich ist, weil ihr ein Sterben innewohnt. Noch einmal soll hier das schon angesprochene Phänomen erwähnt werden, dass die Krebszelle deshalb eine solche Gewalt über den gesunden Organismus gewinnt, weil sie die Fähigkeit hat, ihre Sterblichkeit, die die Medizin Apoptose nennt, abzustellen und sich unsterblich macht. Um welchen Preis? Dass sie unseren Organismus zerstört, wobei sie sich damit ihre eigene Existenzgrundlage nimmt. Wollen wir dieses bildhafte Geschehen auf unser soziales Leben in Gemeinschaften oder als Gesellschaft wirklich übertragen, oder lauschen wir auf den angesprochenen Weckruf und lernen, mit dem Tod als einem natürlichen Geschehen unserer Schöpfung zu rechnen, ihn nicht zu fürchten, sondern ihn so in unserer Lebensentwicklung zu integrieren, dass – wenn er an uns herantritt – wir ihm bejahend entgegentreten können. Ich habe mit Überlegungen des jungen Mozarts zu Sterben und Tod diese Betrachtung begonnen, und möchte sie mit dem alten Goethe und seiner besonderen Weltsicht nun abschließen:

> *„Wenn einer 75 Jahre alt ist, kann es nicht fehlen, dass er mitunter an den Tod denke. Mich lässt dieser Gedanke in völliger Ruhe,*

denn ich habe die feste Überzeugung, dass unser Geist ein Wesen ist ganz unzerstörbarer Natur; es ist ein fortwirkendes von Ewigkeit zu Ewigkeit. Es ist der Sonne ähnlich, die bloß unsern irdischen Augen unterzugehen scheint, die aber eigentlich nie untergeht, sondern unaufhörlich fortleuchtet" (16).

Verwendete Literatur

1. Thomas Schulz: Zukunfts-Medizin. Spiegel Verlag 2018. S. 206–230
2. Albert Steffen: Therapeutische Dichtung, Heft 11, 1976, S. 28
3. Rudolf Steiner: Anthroposophie als Kosmosophie (GA 208). Vortrag vom 29.10.1921
4. Wolfgang A. Mozart, in: Tod wird Leben. Hg. von Fride Margarete Reuschle. Mellinger Verlag 1988, S. 9
5. Rudolf Steiner (Themen aus dem Gesamtwerk), Das Leben nach dem Tod, hg. von Frank Teichmann. Verlag Freies Geistesleben 1993, S. 124 (Vortrag vom 23.11.1915)
6. Volker Fintelmann: Die Wiedergewinnung des Heilens. Kapitel 11 „Christi Wirken in unsrem Leib", S. 163–178. Info 3 Verlag 2018 (3. Auflage)
7. Rudolf Steiner: Eine okkulte Physiologie (GA 128), 26.3.1911. Rudolf Steiner Verlag 1957, S. 133
8. Volker Fintelmann: Intuitive Medizin. Haug Verlag 2016 (6. Auflage), S. 233–259
9. Rudolf Steiner: Anthroposophie als Kosmosophie (GA 208). Vortrag vom 29.10.1921
10. Volker Fintelmann, Steffen Hartmann: Mit Widar Zukunft schaffen. Verlag Freies Geistesleben 2019.

11. Rudolf Steiner: Die Welt der Sinne und die Welt des Geistes. Rudolf Steiner Verlag (GA 134) 1925/2009, Vortrag vom 23.12.1911
12. Volker Fintelmann: Intuitive Medizin. Haug Verlag 2016 (6. Auflage), S. 327–335
13. Rudolf Steiner: Grundlinien einer Erkenntnistheorie der Goetheschen Weltanschauung mit besonderer Rücksicht auf Schiller (GA 2). Rudolf Steiner Verlag 2003 (8. Aufl.)
14. Rudolf Steiner: Mysteriendramen I. Rudolf Steiner Taschenbücher (Tb 607) 1990; S. 57–63
15. Rudolf Steiner: Wie erlangt man Erkenntnisse der höheren Welten? Rudolf Steiner Verlag (GA 10) 2018
16. Zitat aus „Tod wird Leben". Mellinger Verlag Stuttgart, 1989, S. 8

Weitere Titel von Volker Fintelmann im Info3 Verlag

Volker Fintelmann
Die Wiedergewinnung des Heilens
Wege zu einer christlichen Medizin
3. Auflage 2018, 216 Seiten,
Klappenbroschur, € 19,90
ISBN 978-3-95779-052-1

Volker Fintelmann, Markus Treichler
Seele & Leib in Gesundheit und Krankheit
Ein Beitrag aus der Anthroposophie
1. Auflage 2019, 506 Seiten,
Klappenbroschur, € 26,00
ISBN 978-3-95779-106-1

Markus Treichler (Hg.), Volker Fintelmann,
Johannes Reiner
Die Seele war von Anfang an dabei
Der umfassende Grundgedanke der
Anthroposophischen Medizin –
Eine Bestandsaufnahme nach hundert Jahren
1. Auflage 2020, 280 Seiten,
Klappenbroschur, € 19,90
ISBN 978-3-95779-124-5

Volker Fintelmann

Schlaf und Schlafstörungen

Ein Problem unserer Zivilisation –
Therapie und Prophylaxe

1. Auflage 1999, 80 Seiten, Broschur, € 7,80

ISBN 978-3-932386-24-4

Volker Fintelmann und Markus Treichler (Hg.)

Onkologie auf anthroposophischer Grundlage

Vier Bände, 1. Auflage, insg. 1008 Seiten,
Broschur, € 49,90

ISBN 978-3-95779-060-6

Volker Fintelmann

Vom Wesen der Lunge

Anschauungen eines Anthroposophischen Arztes

Schlanke Reihe Band 6

2. Auflage 2023,
Klappenbroschur, 100 Seiten, € 9,90

ISBN 978-3-95779-178-8

www.info3-verlag.de

Weitere Titel in der Schlanken Reihe im Info3 Verlag

Johannes Kiersch
Von der Steinzeit bis zum Great Reset
Ein Anthroposoph versucht, sich nach Corona zurechtzufinden
Schlanke Reihe Band 1
2. Auflage 2022, 78 Seiten,
Klappenbroschur, € 9,90
ISBN 978-3-95779-148-1

Jahn Finkas
Kleines Pandemisches Glossar
Versuch einer Aufarbeitung
Schlanke Reihe Band 2
1. Auflage 2022, 102 Seiten,
Klappenbroschur, € 9,90
ISBN 978-3-95779-162-7

Alma Wichmann-Erlen

Flieg, Emmy, flieg!

Kauderwelsch und Geistesgegenwart einer demenzerkrankten großen Seele

Schlanke Reihe Band 4

1. Auflage 2022, 100 Seiten, Klappenbroschur, € 9,90

ISBN 978-3-95779-169-6

Thomas Krämer

Raphael: Historische Person und ewige Individualität

Anmerkungen zum Rätsel einer biografischen Signatur

Schlanke Reihe Band 5

1. Auflage 2022, 90 Seiten, Klappenbroschur, € 9,90

ISBN 978-3-95779-174-0

www.info3-verlag.de

INFO3 VERLAG

Info3 Verlag
Kirchgartenstr. 1 – 60439 Frankfurt
Tel. 069-58 46 47 – Fax 069-58 46 16
E-Mail: vertrieb@info3.de
Web: www.info3-verlag.de